Libro de Colorear para Adultos, Vol. 2

40 Patrones Relajantes y Antiestrés

Colección de libros de colorear para adultos de
www.ColoringCraze.com

¡REGALO GRATUITO PARA TI!

¿Te gustan los libros de colorear?
Obtén tu **bonificación gratis**:

=> http://www.coloringcraze.com/**bonusesp** <=

Prueba Tus Colores Aquí

Mezcla Tus Colores Aquí

MEZCLAR MEZCLAR MEZCLAR

MEZCLAR MEZCLAR MEZCLAR

MEZCLAR MEZCLAR MEZCLAR

Prueba Tus Colores Aquí

Mezcla Tus Colores Aquí

MEZCLAR   MEZCLAR   MEZCLAR

MEZCLAR   MEZCLAR   MEZCLAR

MEZCLAR   MEZCLAR   MEZCLAR

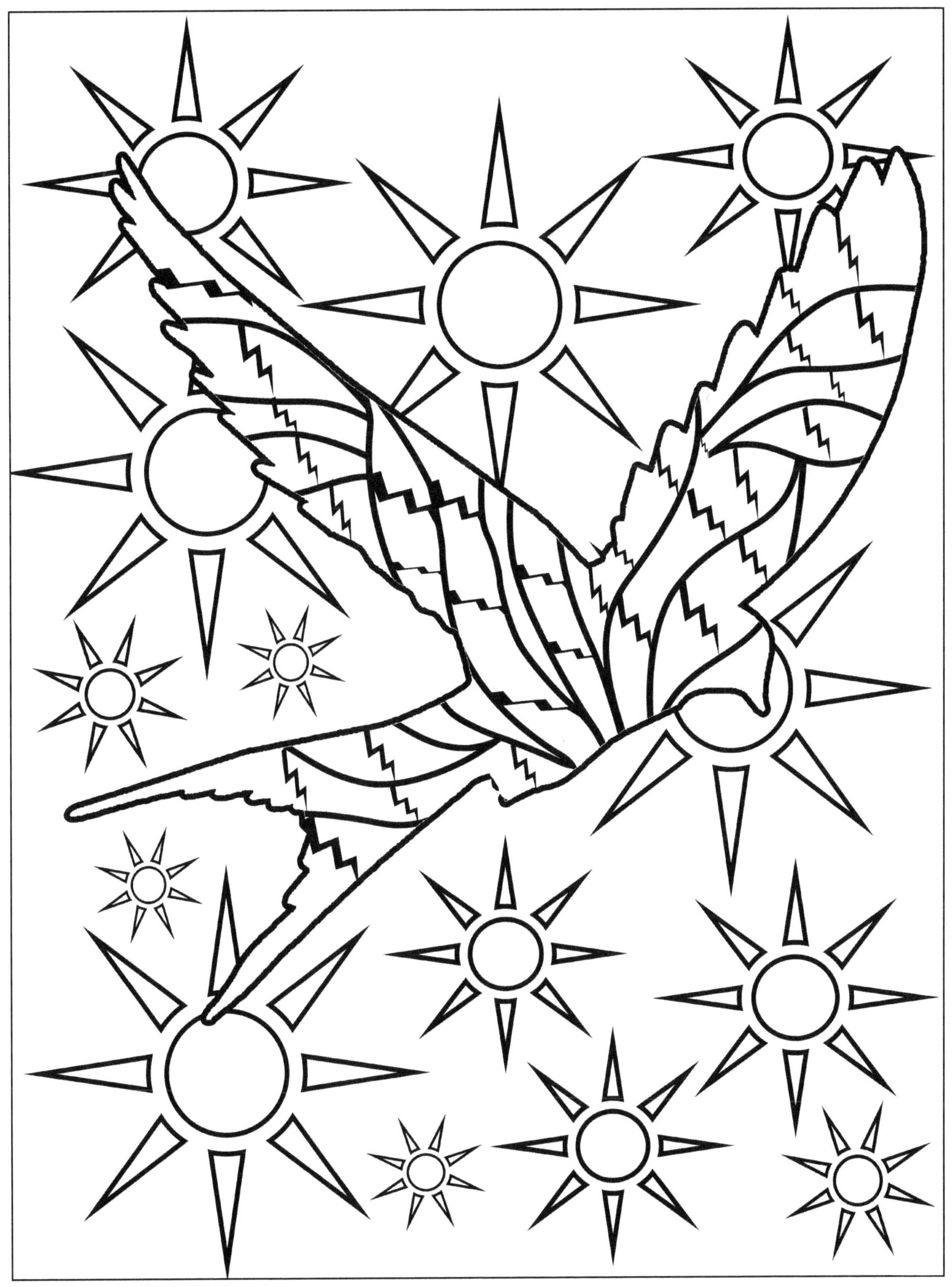

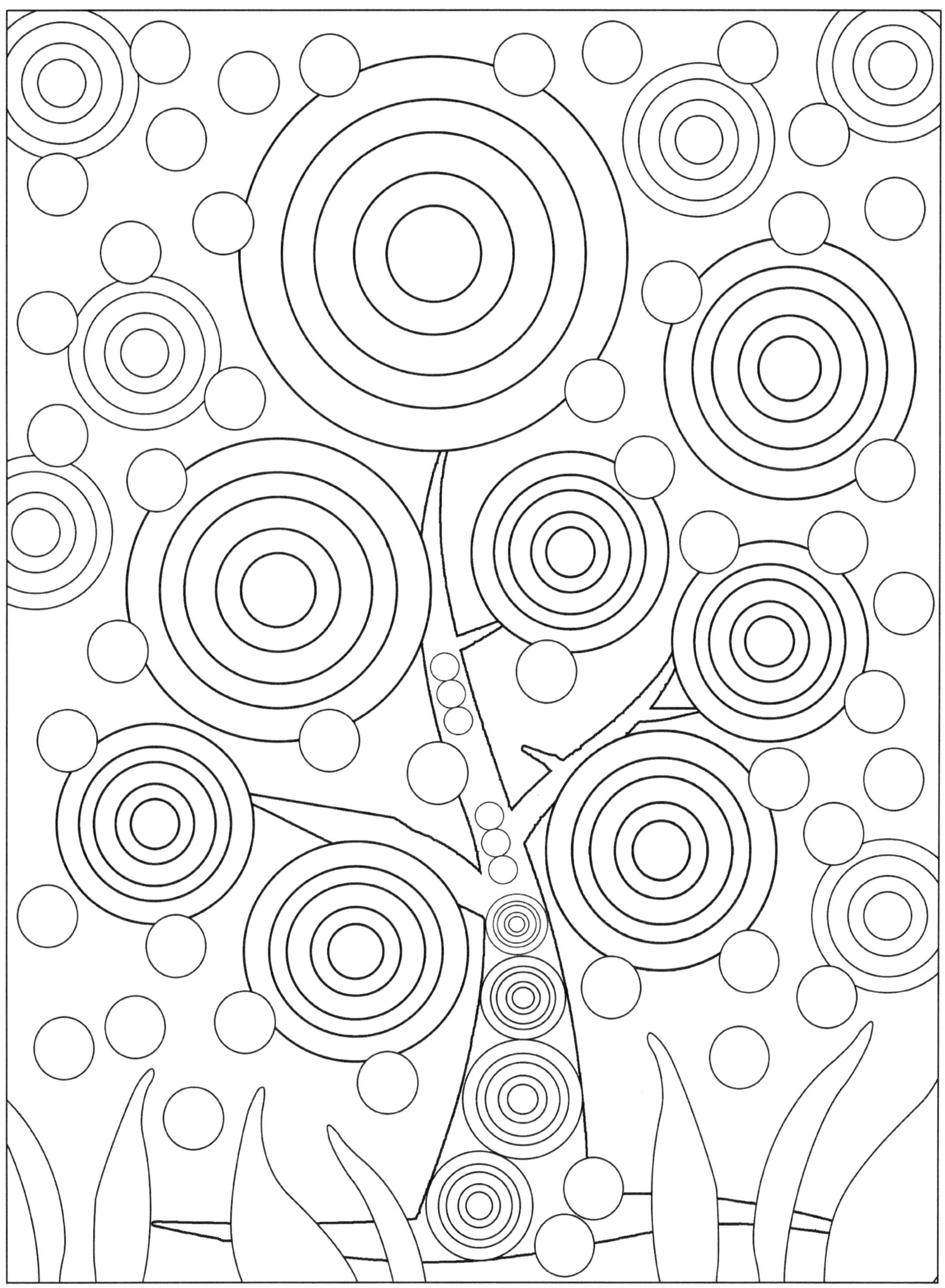

NOTA DEL AUTOR

¡Gracias por colorear nuestro libro! Espero que te haya parecido relajante y que lo hayas pasado muy bien.

Me gustaría pedirte un «pequeño» favor. Las opiniones de los libros son muy importantes para otros entusiastas de libros de colorear como tú. Así que, si tienes un minuto, te pido que dejes un comentario sobre nuestro libro en el siguiente enlace: www.coloringcraze.com/**evaluar2**

Este comentario ayudará a otros compradores a decidirse y tu opinión también será inestimable para nuestros ilustradores ☺

Todos nuestros libros están disponibles en este enlace: www.coloringcraze.com/**todos-libros**

¡Recuerda adquirir tu **bonificación gratis!**

=> http://www.coloringcraze.com/**bonusesp** <=

¡Gracias!

9 788366 238411